Liebe Leserin, lieber Leser!

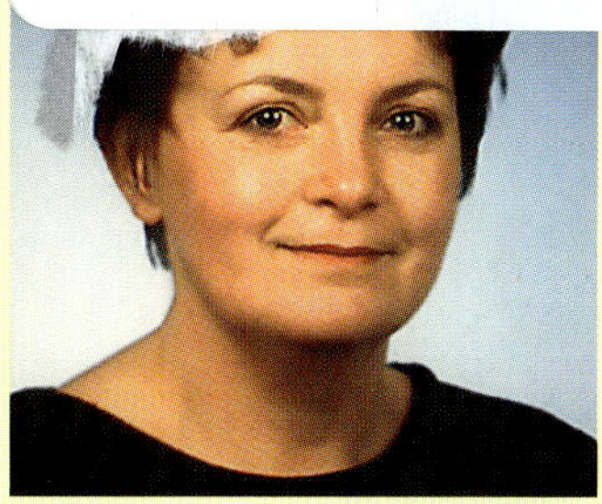

Der Marienkäfer ist das Symbol für Glück schlechthin. So unterschiedlich die Ideen in diesem Buch auch sind – alle Käfer haben eines gemeinsam: rote Flügel mit schwarzen Punkten, wie sie für die niedlichen Flieger typisch sind. Auf den folgenden Seiten finden Sie eine Vielzahl an Käfermotiven, die Sie aus Tontöpfen, Papier und Karton nacharbeiten können.

Ob als ganz persönlicher Glücksbringer oder als Geschenkidee – überraschen Sie Ihre Lieben doch einmal mit fröhlichen Tontopf-Käfern. Sie bieten sich auch als lustige Tischdekorationen zum Geburtstag an, tragen kleine Kerzen auf dem Kopf oder halten ein Geschenk in ihrem Bauch versteckt. Vielleicht suchen Sie auch nach Käfer-Ideen aus Karton und Papier? Kleine Präsente lassen sich in gefaltete Käfer-Tüten verpacken, und an größere Geschenke hängen Sie ein „Käferchen auf Rollen".

Sicher werden Sie in diesem Buch Ihren Lieblingskäfer finden.

Viel Spaß beim Käferbasteln wünscht Ihnen

Ihre

Petra Bauberger

Inhaltsverzeichnis

Decorlack
lacquer
laque
lacca
lak

Kleine Tontopf-Kunde

Dekorative Figuren aus Tontöpfen haben in kürzester Zeit die Herzen der Hobbybastler erobert. Aus ganz alltäglichen Blumentöpfen werden mit etwas Geschick ätherische Fabelwesen oder gemütliche Tiere zum Liebhaben, ausgefallene Tischdekorationen oder praktische Gegenstände zum Aufbewahren von allerlei Krimskrams.

Herzstück all dieser Bastelideen ist der ganz normale Tontopf. Neben dem herkömmlichen, etwas gedrungenen Blumentopf gibt es besonders hohe, schlanke Rosentöpfe, die eigentlich die langen Wurzeln dieser Lieblingsblume aufnehmen sollen, beim Basteln aber ebenfalls gute Dienste leisten, Halbtöpfe für Wanddekorationen, kugelförmige Köpfe und die unterschiedlichen Arten von Untersetzern. Mini-Töpfchen verwandeln sich in Arme, Beine, Ohren, Nasen oder kleine Körper.

Bei einigen Bastelideen müssen Sie die Töpfe vor der Verwendung bearbeiten; mit einer feingezahnten Säge können Sie die Größe verändern oder Ränder entfernen, mit der Bohrmaschine oder einem Handbohrer kommen bei Bedarf zusätzlich Löcher in den Topf.

Beim Bohren von Tontöpfen müssen Sie sehr vorsichtig sein, weil das poröse Material leicht springt. Üben Sie wenig Druck aus, setzen Sie den Bohrer immer senkrecht auf die Tonfläche und arbeiten Sie bei mittlerer Drehzahl. Zwischendurch können Sie die Bohrspitze zum Abkühlen kurz in ein Glas Wasser mit einem Spritzer Spülmittel tauchen.

Damit Ihre Tontopffiguren so richtig schön werden, müssen sie sorgfältig dekoriert werden. Die Modelle werden mit Bastelfarben von Marabu genau in Ihrem jeweiligen Wunschton gestrichen. In der Serie „Marabu-Decormatt" finden Sie garantiert den Farbton, der Ihnen gefällt. Soll ein Tontopf in einem besonders satten Farbton gestrichen werden, bietet sich eine Grundierung mit weißer Marabu-Decormatt Bastelfarbe an; die Grundierung können Sie mit dem Pinsel oder einem feinporigen Schwamm auftragen.

Kleben können Sie die Tontöpfe mit verschiedenen Produkten. Neben normalen Kraft- oder Allesklebern können Sie Montage-Acrylkleber, Silikonkleber, Holzleim oder Heißkleber verwenden. Gehen Sie stets sparsam mit Klebstoff um und entfernen Sie überquellende Reste sofort mit einem Wattestäbchen, bevor hässliche Spuren entstehen, die sich später nicht mehr entfernen lassen.

Tipp: *Um den Tontöpfen nach dem Bemalen eine glänzende Oberfläche zu verleihen und um sie zusätzlich noch witterungsbeständiger zu machen, empfiehlt sich ein Überzug mit* **Marabu-Tontopflack**. *Tontopf-Figuren, die bepflanzt werden sollen, werden durch die Lackierung von innen resistenter gegen Feuchtigkeit.*

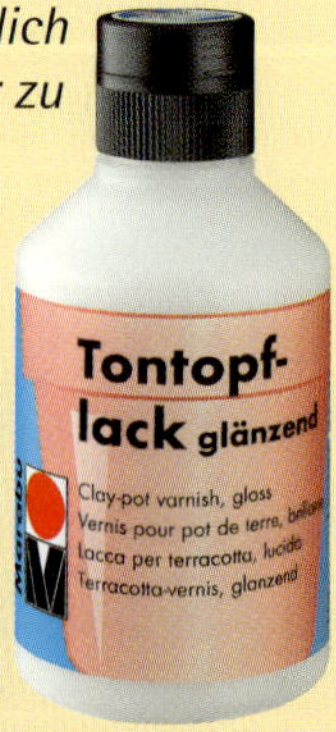

Grundkurs Tontopf-Drehfigur mit Beinen

Material:

- 1 Tontopf, Ø außen 8 cm
- 1 Holzkugel, Ø 45 mm, mit durchgehender Bohrung
- 2 Holzfüße, 30 mm, mit vorgebohrten Löchern
- Schaschlikspieß
- Stickgarn zum Aufhängen
- Seidenkordel
- Schere
- Kraftkleber

1. Den Schaschlikspieß so kürzen, dass seine Länge dem inneren Durchmesser des Topfbodens entspricht. In der Mitte des Hölzchens ein ca. 50 cm langes Stück Stickgarn festknoten. Danach zwei je ca. 14 cm lange Kordelstücke ebenfalls an dem Hölzchen befestigen. Geben Sie etwas Kraftkleber auf die Knoten, so können sie sich nicht mehr lösen.

2. Das Hölzchen von unten in den Topfrumpf stecken und am inneren Topfboden quer stellen. Das Aufhängegarn zuerst mit einer Sticknadel durch die Bodenöffnung nach außen ziehen und dann durch die Holzkugel führen und fest verknoten. Anschließend die Kugel mit Kraftkleber von außen auf den Topfboden kleben.

3. Zum Schluss befestigen Sie an den beiden Kordeln, die innen im Topf locker nach unten hängen sollen, mit etwas Kraftkleber die Holzfüße. Lassen Sie alles vor der weiteren Ausgestaltung Ihrer Tontopf-Figur gut durchtrocknen.

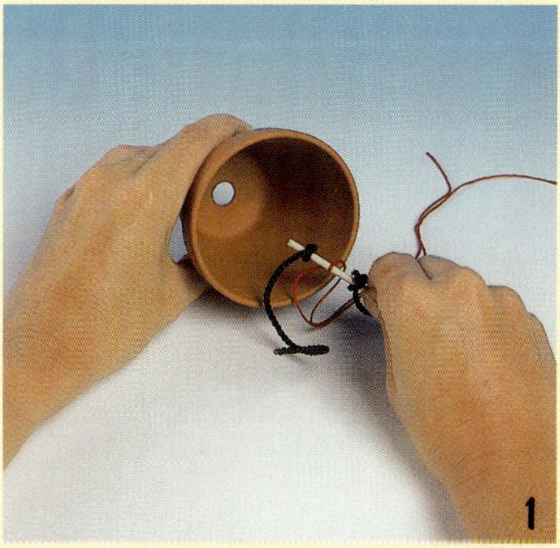

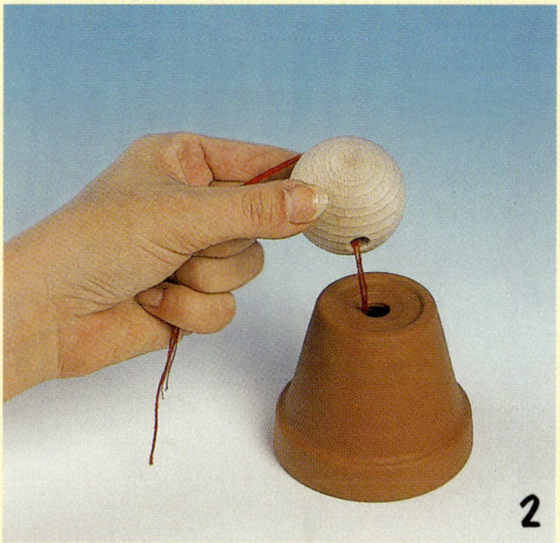

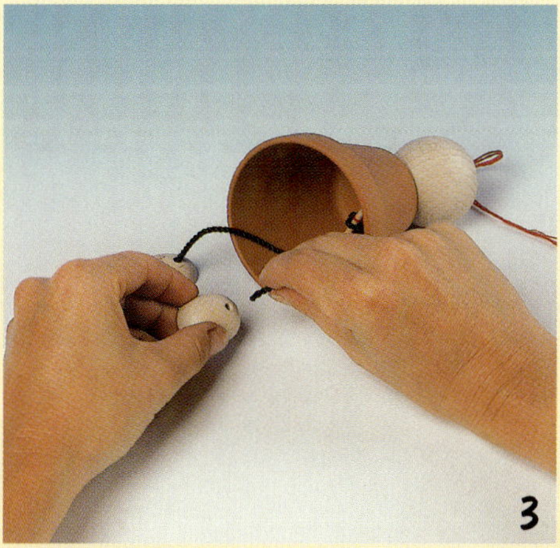

Wenn Käfer zum Himmel fliegen...

1. Grundieren Sie den Tontopf in Weiß und malen Sie ihn danach rot an. Die Holzkugel auf einen Pinselstiel stecken, hautfarben bemalen. Trocknen lassen. Nun die Perle für die Nase auf den Holzkugel-Kopf kleben und die Perlenöffnung mit einem Klecks Kleber verschließen. Nach dem Trocknen mit dem feinen Pinsel das Gesicht aufmalen.

2. Eine Schablone für den Kragen herstellen und diesen dann aus Filz zuschneiden. Den Kragen, anschließend den Holzkugel-Kopf auf den Körper-Topf kleben.

3. Für die Fühler 10 cm Draht zuschneiden und auf jedes Ende eine Perle fädeln. Dann den Draht drehen und biegen. Für die Haare bündeln Sie mehrere Stickgarnfäden und binden sie im unteren Drittel mit einem Stück Garn straff ab. Dann Fühler und Haare in die Kopföffnung stecken.

4. Aus Pünktchen-Karton die Flügel ausschneiden und mit der Lochzange (kleinste Lochung) jeden Flügel stanzen. Die gestrichelten Linien mit der Sticknadel falzen, die Klebelaschen knicken und die Flügel ankleben. Das Kleeblatt stanzen Sie aus und kleben es mit den Pompons auf.

5. Wie angegeben vier Löcher in die Holzleiste bohren und diese blau bemalen. Den Käfer aufkleben. Die Enden des Rundholzstabs anspitzen, diesen hellgrün bemalen und die Holzperlen aufstecken.

6. Zwei ca. 36 cm lange Stickgarnstücke am Holzstab festknoten, die Bandenden sind jeweils gleich lang. Die vorderen Enden durch die Stanzlöcher der Flügel und die Bohrlöcher, die hinteren nur durch die Bohrlöcher des Schaukelbrettchens führen. Nun alle Garnenden unter dem Brettchen mit Knoten und Perlen sichern.

Material

- *1 Tontopf, Ø 3,5 cm*
- *1 Holzkugel, Ø 25 mm, mit durchgehender Bohrung*
- *Holzleiste, 4 cm breit, 7,5 cm lang, 6 mm stark*
- *Nagelbohrer oder Bohrmaschine mit Holzbohraufsatz, Ø 3 mm*
- *Rundholzstab, Ø 4 mm, ca. 9 cm lang*
- *Bleistiftspitzer*
- *Marabu-Decormatt Bastelfarbe in Weiß, Scharlachrot, Hautfarbe, Schwarz, Azurblau und Hellgrün*
- *Pinsel Nr. 8 und Nr. 0*
- *Bastelfilz in Schwarz*
- *Mini-Pompons in Schwarz*
- *Pünktchen-Tonkarton*
- *Tonpapier in Hellgrün*
- *Motivlocher „Kleines Kleeblatt"*
- *Stickgarn in Schwarz und Rot*
- *Spitze Sticknadel*
- *Dünner Basteldraht*
- *3 Holzperlen in Rot, Ø 7 mm*
- *2 Holzperlen in Gelb, Ø 12 mm*
- *4 Holzperlen in Gelb, Ø 7 mm*
- *Perlonfaden*
- *Kleine spitze Schere*
- *Lochzange*
- *Kraftkleber*

Vorlage 1, Bogen A

Schornsteinfeger bringen Glück

1. Bemalen Sie zuerst die Töpfe schwarz und lassen Sie sie gut trocknen. Stecken Sie dann die Holzkugel auf einen Pinselstiel und die Wattekugeln auf Schaschlikspieße. Alle Kugeln werden hautfarben bemalt. Kleben Sie nach dem Trocknen die Wattekugel-Nase und die Halbperlen auf und bemalen Sie das Gesicht der Figur.

2. Nun den Holzkugel-Kopf auf den größeren Tontopf kleben. Bündeln Sie dann für die Frisur mehrere Bastfäden und binden Sie sie im oberen Drittel mit dem Draht straff ab. Ziehen Sie die Haare sternförmig auseinander und fixieren Sie sie mit Heißkleber so auf dem Kopf, dass das zuvor abgebundene Bastteil nach oben zeigt. Zum Schluss den kleineren Hut-Topf mit Kraftkleber aufsetzen.

3. Dann die Hände seitlich an den Körper kleben. Kürzen Sie den Chenilledraht auf eine Länge von ca. 27,5 cm, winden Sie ihn spiralförmig um einen Schaschlikspieß und ziehen Sie ihn wieder ab. Nun die so gefertigte Drahtspirale wie auf dem Foto zu einem Bogen biegen. Die Drahtenden mit Heißkleber an den Händen des kleinen Glücksbringers fixieren.

4. Übertragen Sie die Vorlage für das Kleeblatt auf Tonkarton und schneiden Sie die Schablone aus. Dann die Konturen auf Tonpapier nachfahren und neun Blätter ausschneiden. Ziehen Sie für die Blattstruktur die gestrichelten Linien mit der Sticknadel nach und schneiden Sie die Blätter an den gestrichelten Linien bis zur Hälfte ein.

5. Kleben Sie dann die Käfer auf die Blätter. Aus Tonpapier nun dünne Streifen schneiden und so über eine Schere ziehen, dass sie sich wölben. Die gekürzten Streifen kleben Sie als Stiele hinter die Blätter. Zum Schluss die Kleeblätter mit etwas Heißkleber auf dem Chenilledraht fixieren.

6. Aus dem Geschenkband eine Schleife binden, mit Draht fixieren und auf den Topf-Körper kleben. Als Abschluss die Pompons als Knöpfe anbringen.

Material

- *Je 1 Tontopf, Ø außen 9 cm und Ø außen 5,5 cm*
- *1 Holzkugel, Ø 60 mm*
- *1 Wattekugel, Ø 15 mm*
- *2 Wattekugeln, Ø 25 mm*
- *Marabu-Decormatt Bastelfarbe in Schwarz, Scharlachrot und Hautfarbe*
- *Pinsel Nr. 8 und Nr. 0*
- *Schaschlikspieße*
- *2 Halbperlen in Schwarz, Ø 3 mm*
- *Naturbast in Schwarz*
- *Dünner Basteldraht*
- *Chenilledraht in Grün*
- *Tonpapier in Hellgrün*
- *Tonkartonrest*
- *9 Mini-Marienkäfer (Streuteile)*
- *Geschenkband, 2,5 cm breit*
- *3 Pompons in Rot, Ø 13 mm*
- *Kleine spitze Schere*
- *Kraftkleber*

Vorlage 2, Bogen A

Überraschung!

1. Die Tontöpfe mit Weiß grundieren und nach dem Trocknen mit Rot bemalen. Die Außenseiten der Untersetzer schwarz bemalen. Die Punkte mit Hilfe einer Karton-Schablone auf die Körper übertragen und schwarz ausmalen. Gut trocknen lassen.

2. Die Holzkugeln auf Pinselstiele stecken, den Gesichtsbereich wie auf dem Foto hautfarben, den restlichen Kopf schwarz bemalen. Die Wattekugeln auf Schaschlikspieße stecken und die Nasen mit Rot, die Arme mit Schwarz betupfen.

3. Kleben Sie die Nasen auf die Holzkugel-Köpfe und malen Sie die Gesichter auf. Die Köpfe auf die Töpfe kleben. Für die Fühler pro Figur ein ca. 15 cm langes Stück schwarzen Chenilledraht spiralförmig um einen Schaschlikspieß drehen, abziehen und in der Mitte zusammendrücken. Die Fühler nun in das Kopfloch kleben.

4. Anschließend die Wattekugel-Arme seitlich auf die Töpfe kleben. Für die Bögen den farbigen Chenilledraht auf jeweils 15 cm Länge zuschneiden und zu Spiralen drehen. Die Drähte zu Bögen biegen und mit Heißkleber an den Armen fixieren.

5. Aus dem Tonpapier die Kleeblätter stanzen und diese mit den Mini-Käfern auf die Wäscheklammern kleben. Die Herzen auf Tonpapier übertragen und ausschneiden. Die Klammern an den Bögen befestigen, die Herzen dabei mit anklammern.

6. Zum Schluss die Käfer-Körper lose auf die Untersetzer stellen und kleine süße Überraschungen in den Käfern verstecken.

Material

- *3 Tontöpfe, Ø außen 7 cm*
- *3 Tontopfuntersetzer, Ø außen 7 cm*
- *3 Holzkugeln, Ø 4 mm, mit durchgehender Bohrung*
- *3 Wattekugeln, Ø 12 mm (Nasen)*
- *6 Wattekugeln, Ø 25 mm (Arme)*

- Marabu-Decormatt Bastelfarbe in Weiß, Scharlachrot, Hautfarbe und Schwarz
- Pinsel Nr. 8 und Nr. 0
- Schaschlikspieße
- Chenilledraht in Schwarz, Gelb, Rot und Blau
- 3 Mini-Wäscheklammern
- 3 Mini-Marienkäfer (Streuteile)
- Tonpapier in Hellgrün und Rot
- Motivlocher „Kleines Kleeblatt"
- Schere
- Kraftkleber
- Klebepistole

Vorlage 3, Bogen A

Kein Käse – diese Käfer!

1. Schneiden Sie mit dem Cutter, der an einem Lineal entlang geführt wird, schwarze Wellpappestreifen zu und umkleben Sie mit diesen die Ränder der Käseschachtel.

2. Legen Sie einen Schachteldeckel auf die glatte Rückseite der schwarzen Wellpappe und fahren Sie den Umriss mit dem Bleistift sorgfältig nach. Achten Sie bei einer ovalen Schachtel darauf, dass die Rillen der Wellpappe in Längsrichtung verlaufen. Schneiden Sie dann den Kreis (bzw. das Oval) so exakt wie möglich aus. Fertigen Sie einen weiteren Kreis (ein weiteres Oval) mit gleichem Durchmesser aus dem roten Tonkarton an.

3. Schneiden Sie in den Tonkarton-Kreis ein gebogenes Dreieck, wie es auf dem Foto zu sehen ist. Kleben Sie dann zuerst die Wellpappeform und danach den roten Kreis auf die Käseschachtel.

4. Pausen Sie mit Hilfe des Graphitpapiers den Käfer-Kopf auf den hautfarbenen Tonkarton und schneiden Sie das Motiv sorgfältig aus. Dann die Formen für Haare und Punkte auf schwarzes, für die Nase auf rotes Tonpapier pausen und ebenfalls ausschneiden.

5. Haare und Nase auf den Tonpapier-Kopf kleben. Augen und Mund malen Sie anschließend mit schwarzem Filzschreiber auf, die Bäckchen betonen Sie mit Buntstift. Schneiden Sie dann mit der Konturenschere zwei schmale Streifen aus schwarzem Tonkarton zu und kleben Sie sie als Fühler von hinten gegen den Käfer-Kopf. Auf die Fühler setzen Sie mit einem winzigen Klecks Klebstoff Punkte oder ausgestanzte Herzen aus Tonpapier.

6. Dann wird noch der Schachtel-Körper mit Punkten oder ausgestanzten Herzen dekoriert. Zum Schluss fixieren Sie den Käfer-Kopf mit einem Klebekissen auf der Schachtel.

Material

- *Käseschachteln, rund oder oval*
- *Wellpappe in Schwarz*
- *Tonkarton in Rot und Hautfarbe*
- *Tonpapier in Schwarz und Rot*
- *Graphitpapier*
- *Bleistift, Buntstift in Rot*
- *Lineal, Filzschreiber in Schwarz*
- *Cutter*
- *Schere*
- *Wellen-Konturenschere*
- *Motivlocher „Kleines Herz" und „Großes Herz"*
- *Klebstoff*
- *Klebekissen*

Vorlage 4, Bogen A

Marienkäferchen auf Höhenflug

1. Den Topf weiß grundieren und nach dem Trocknen rot anmalen. Die Holzkugel auf einen Pinselstiel stecken und hautfarben bemalen. Die Wattekugel als Nase aufkleben und mit roter Farbe betupfen. Zeichnen Sie das Gesicht des Käfers mit einem Bleistift dünn vor und malen Sie dann Haube und Augen schwarz, Mundlinie und Bäckchen rot aus. Mit Hilfe einer Schaschlikspießspitze Augenpunkte in Weiß und Sommersprossen in Orange aufsetzen. Die Holzfüße schwarz bemalen.

2. Knoten Sie die Kordeln für die Beine und das Aufhängegarn an das Hölzchen, ziehen Sie das Garn durch den Kopf und kleben Sie diesen auf den Topfboden. Die Kordelenden fixieren Sie in den Holzfüßen (siehe hierzu auch Grundkurs „Tontopf-Drehfigur mit Beinen" auf Seite 5).

3. Kürzen Sie den Chenilledraht auf ca. 15 cm, wickeln Sie ihn spiralförmig um einen Schaschlikspieß, ziehen Sie ihn ab und drücken Sie ihn in der Mitte zusammen. Ziehen Sie den Draht anschließend durch die Aufhängeschlaufe und fixieren Sie ihn im Kugelloch. Stecken Sie auf jedes Ende eine schwarze Holzkugel.

4. Schneiden Sie mit der Konturenschere einen 2,5 x 14 cm langen Filzstreifen zu. Legen Sie die Enden in der Mitte überlappend aufeinander, kräuseln Sie sie leicht und binden Sie sie mit Geschenkband straff ab. Auf die Enden des Geschenkbandes fädeln Sie die grünen Holzperlen und sichern sie mit Doppelknoten, die Sie dann in den Perlenöffnungen versenken.

5. Übertragen Sie die Vorlagen für die Flügel auf Tonkarton, für die Punkte auf Tonpapier und schneiden Sie die Motive aus. Falzen und knicken Sie die Flügel, indem Sie mit der Sticknadel am Rand eines Lineals entlang fahren, und kleben Sie sie mit den Klebelaschen auf die Seiten des Topfes. Zuletzt die Punkte aufkleben.

Material

- *1 Tontopf, Ø außen 8 cm*
- *1 Holzkugel, Ø 45 mm, mit durchgehender Bohrung*
- *2 ovale Holzfüße, 30 mm lang*
- *Marabu-Decormatt Bastelfarbe in Weiß, Scharlachrot, Hautfarbe, Schwarz, Orange*
- *Pinsel Nr. 8 und Nr. 0*
- *1 Wattekugel, Ø 12 mm*
- *Stickgarn in Schwarz (Aufhängegarn)*
- *Spitze Sticknadel*
- *Seidenkordel in Schwarz*
- *Schaschlikspieße*
- *Tonkarton in Rot*
- *Tonpapier in Schwarz*
- *Je 2 Holzperlen in Schwarz und Hellgrün, Ø 12 mm*
- *Chenilledraht in Rot*
- *Bastelfilz in Schwarz*
- *Geschenkband in Schwarz, 3 mm breit*
- *Schere*
- *Wellen-Konturenschere*
- *Kraftkleber*

Vorlage 5, Bogen A

Lustiger Käfertanz

1. Fahren Sie die Linien der Vorlagen mit Bleistift auf Transparentpapier nach, wenden Sie das Papier und pausen Sie dic Motivteile auf hautfarbenen Karton.

2. Schneiden Sie die Schablonen aus, übertragen Sie die Formen auf Tonpapier und Tonkarton in den jewiligen Farben und schneiden Sie alle Motivteile exakt aus. Lochen Sie die Flügel mit der Lochzange an den Markierungspunkten.

3. Setzen Sie die einzelnen Käfer zusammen. Zunächst jeweils den Körper auf die Flügel und dann Kragen oder Fliege auf den Körper kleben. Jeweils Häubchen bzw. Zylinder auf dem Kopf fixieren, diesen dann auf Fliege oder Kragen kleben.

Material

- *Bastelkarton „Marienkäfer"*
- *Tonkarton in Schwarz und Hautfarbe*
- *Tonpapier in Rot*
- *Transparentpapier, Bleistift HB*
- *Filzschreiber in Schwarz*
- *Wattekugeln, Ø 12 mm, Zahnstocher*
- *Marabu-Decormatt Bastelfarbe in Rot*
- *Motivlocher „Kleines Herz"*
- *Schere, Lochzange*
- *Musterbeutelklammern*
- *Chenilledraht in Schwarz, Pinsel*
- *Klebstoff*

Vorlage 6, Bogen A

4. Stecken Sie dann die Wattekugeln auf Zahnstocher, malen Sie sie schön rot an und lassen Sie sie gut trocknen. Malen Sie nun mit dem Filzschreiber die Augen und die Münder auf das Gesicht und kleben Sie Nasen und Bäckchen auf.

5. Lochen Sie anschließend Hauben und Zylinder an den Markierungspunkten. Kürzen Sie pro Fühler den Chenilledraht auf 10 cm und drehen Sie die Enden jeweils über einem Pinselstiel ein.

6. Ziehen Sie die Drähte durch die Lochungen der Kopfbedeckungen und fixieren Sie sie jeweils auf der Rückseite mit Kleber.

7. Stanzen Sie zum Schluss aus Tonpapier die Herzen aus und kleben Sie sie auf die Bäuche der Käfer. Nun können Sie die Käfer mit den Musterklammern zu einer Girlande verbinden.

Tipp:

Die Käfergirlande braucht einen Platz, an dem sie so richtig wirken kann. Besonders schön kommt sie an einem Fenster zur Geltung, dessen Rahmen Sie noch zusätzlich mit fertig gekauften oder selbst gemachten Klebeherzen aufpeppen können.

Aber auch auf einer Anrichte oder einem halbhohen Regal sind die drolligen Marienkäferchen ein echter Blickfang und vertragen sich prima mit dekorativen Zimmerpflanzen oder Schnittblumen.

Kleine Käfer mit großem Herz

1. Die Vorlagen mit Bleistift auf Transparentpapier pausen, für die geraden Linien am besten ein Lineal benutzen. Das Papier wenden und die Vorlagen mit leichtem Druck auf den Käfer- bzw. Tonkarton übertragen.

2. Die Tüte nun an den gestrichelten Linien mit der Sticknadel entlang eines Lineals falzen, falten, dabei den Mittelbruch nach innen zu einer Quetschfalte formen.

3. Die Nase nach der Vorlage aus Tonpapier fertigen oder mit dem Herz-Motivlocher ausstanzen und auf das Gesicht kleben. Mund und Augen mit dem Filzschreiber aufmalen, die Bäckchen mit der Lochzange aus Tonpapier stanzen und aufkleben.

4. Mit der Lochzange ein kleines Loch in die obere Mitte des Käfer-Kopfes stanzen. Drei Stickgarnfäden durch das Loch ziehen und verknoten.

5. Für die Fühler zwei Stücke Hutschnur zuschneiden und von hinten gegen den Kopf kleben. Die Perlen an den Enden der Hutschnur befestigen. Zum Schluss den Kopf mit Klebekissen am Körper fixieren.

Material

- *Bastelkarton „Marienkäfer"*
- *Tonkarton in Hautfarbe*
- *Tonpapier in Rot*
- *Transparentpapier*
- *Bleistift HB*
- *Lineal*
- *Spitze Sticknadel*
- *Filzschreiber in Schwarz*
- *Stickgarn in Schwarz*
- *Hutschnur in Schwarz*
- *2 kleine rote Perlen*
- *Motivlocher „Kleines Herz"*
- *Schere, Lochzange*
- *Klebstoff, Klebekissen*

Vorlage 7, Bogen A

Käfer lassen grüßen

1. Die Vorlage mit Bleistift auf Transparentpapier pausen. Das Transparentpapier wenden und die Linien mit dem Bleistift HB schraffieren. Die schraffierte Seite auf den Variokarton legen, evtl. mit Klebefilm fixieren. Die Linien nun mit dem Bleistift H2 nachfahren und auf diese Weise auf den Karton übertragen.

2. Die Herzen ausschneiden und in der Mitte falzen und falten. Pro Kleeblatt vier Herzen aus dem Tonpapier stanzen, in der Mitte falzen, knicken und auf die Wäscheklammern kleben. Schmale Tonpapier-Streifen zuschneiden und als Stiele ankleben. Die Käfer auf dem Kleeblatt anbringen, die Klammern an die Karten klipsen.

Material

- *Variokarton „Margeriten"*
- *Tonpapier in Hellgrün*
- *Transparentpapier*
- *Bleistift HB, H2*
- *Lineal*
- *Spitze Sticknadel*
- *Motivlocher „Kleines Herz"*
- *2 Mini-Marienkäfer (Streuteile)*
- *2 Wäscheklammern, 4,8 cm lang, in Blau und Rot*
- *Schere, Cutter*
- *Klebstoff*

Vorlage 8, Bogen A

Ein Hoch auf das Geburtstagskind!

1. Tupfen Sie mit dem Schwamm die weiße Farbe so auf die Tontöpfe, dass sie deckt, und lassen Sie alles gut trocknen. Danach die Töpfe rot bemalen. Stecken Sie dann die Holzkugeln auf Pinselstiele, bemalen Sie sie die Gesichtsfläche hautfarben, das Häubchen schwarz, und lassen Sie sie ebenfalls gut trocknen.

2. Die Wattekugeln auf Zahnstocher stecken und rot bemalen. Nach dem Trocknen als Nasen auf die Holzkugel-Köpfe kleben und anschließend sorgfältig die Gesichter aufmalen. Kleben Sie zuletzt die Köpfe auf die Töpfe.

3. Schneiden Sie für die Fühler pro Figur ein ca. 21 cm langes Stück Draht zu, fädeln Sie auf die Enden jeweils eine Perle und verdrillen Sie die Drahtenden fest. Wickeln Sie den Draht spiralförmig um einen Schaschlikspieß und ziehen Sie ihn wieder ab. Drehen Sie ihn dann straff um den Kerzenhalter. Stecken Sie zum Schluss den Kerzenhalter und die Fühler in das Kopfloch der Figur.

4. Schneiden Sie die Flügel aus Bastelkarton zu und falzen und knicken Sie sie sorgfältig. Dann die Laschen an den Seiten der Töpfe festkleben, die Pompons als Knöpfe anbringen und die Kerzen in die Halter stecken.

Tipp: *Inszenieren Sie die Käfer-Kerzen für den Kindergeburtstag doch einmal auf einer schwarzen Papiertischdecke. Ausgeschnittene rote Papierherzen, bunte Süßigkeiten und helles, farbenfrohes Geschirr lassen die Dekoration ausgesprochen fröhlich wirken.*

Material

- *3 Tontöpfe, Ø außen 5,5 cm*
- *3 Holzkugeln, Ø 35 mm, mit Bohrloch, Ø 7 mm*
- *3 Wattekugeln, Ø 12 mm*
- *Marabu-Decormatt Bastelfarbe in Weiß, Scharlachrot, Hautfarbe und Schwarz*
- *Feinporiger Küchenschwamm*
- *Pinsel Nr. 8 und Nr. 0*
- *Zahnstocher*
- *9 Mini-Pompons in Schwarz*
- *Bastelkarton „Marienkäfer"*
- *Basteldraht*
- *6 Holzperlen in Rot, Ø 7 mm*
- *Mini-Geburtstagkerzen mit Kerzenhalter in Rot*
- *Schere, Falzbein*
- *Kraftkleber*

Vorlage 9, Bogen A

Glückwunschboten auf Rädern

1. Fahren Sie zunächst alle Vorlagen für den Käfer auf dem Transparentpapier mit dem Bleistift nach; wenden Sie dann das Transparentpapier und pausen Sie die Motive sorgfältig und mit leichtem Druck auf den jeweiligen farbigen Kartenkarton sowie auf schwarzes Tonpapier durch. Schneiden Sie sämtliche Motivteile anschließend möglichst exakt aus.

2. Kleben Sie die grünen Radkappen auf die Reifen und bringen Sie dann die fertigen Räder sowie die schwarzen Punkte auf dem Käfer-Körper an. Nun den Kopf aufkleben, danach die Nase im Gesicht fixieren. Mit dem Filzschreiber malen Sie dann Augen und Mund auf das Gesicht.

3. Schneiden Sie mit der Wellenschere zwei schmale Streifen aus schwarzem Tonkarton zu und kleben Sie sie als Fühler von hinten gegen den Kopf. Setzen Sie dann mit etwas Klebstoff entweder zwei rote Punkte auf die Fühler oder stanzen Sie mit dem Motivlocher zwei rote Herzen als Dekoration für die Fühler aus. Drei kurze Bastfäden auffächern, von hinten gegen den Kopf kleben und zu einer Stoppelfrisur kürzen.

4. Als krönenden Abschluss fädeln Sie die Holzperle auf das Stickgarn und verknoten es fest. Den Knoten verstecken Sie mit einem Klecks Kleber in der Perlenöffnung. Zuletzt kleben Sie das Aufhängegarn von hinten am Kopf fest.

Material

- *Kartenkarton in Rot, Aprikose, Blau und Grün*
- *Tonpapier in Schwarz*
- *Tonkartonrest in Schwarz*
- *Transparentpapier*

- Bleistift HB
- Filzschreiber in Schwarz
- Edelbast in Schwarz
- Wellen-Konturenschere
- Stickgarn in Schwarz
- Holzperle in Rot, Ø 8 mm
- Motivlocher „Kleines Herz"
- Schere
- Klebstoff

Vorlage 10, Bogen B

Hampelmann hat Käferkleider an

1. Übertragen Sie alle Teile der Vorlage auf Tonkarton und Tonpapier und schneiden Sie alle Motive sorgfältig aus.

2. Nun die Teile aufeinander kleben. Setzen Sie zuerst das Hosenteil und die Hosenträger auf den Körper. Die Knöpfe nähen Sie mit Stickgarn auf. Dann die Punkte auf die Flügel kleben. Die Strümpfe werden hinter die Hosenbeine und die Schuhe auf die Strümpfe geklebt.

3. Anschließend den Kopf auf die Fliege kleben und Haare und Nase anbringen. Augen und Mund malen Sie mit dem Filzschreiber auf, die Bäckchen mit Farbstift. Stechen Sie zwei kleine Löcher für die Fühler in die Haare, ziehen Sie die Hutschnur durch und verknoten sie auf der Rückseite. Fixieren Sie den Knoten mit Klebstoff und setzen Sie zuletzt die Perlen auf die Fühler.

4. Nun an den vorgezeichneten Stellen die Lochungen am Körper, an den Flügeln und an den Beinen stanzen. Flügel und Beine mit den Musterklammern befestigen.

5. Den Käfer wenden und in Grundstellung bringen (siehe Foto). Die Flügel an den kleinen Lochpunkten waagrecht mit dem Stickgarn verbinden. Das Garn dabei jeweils an den Lochungen verknoten.

6. Die Beine ebenfalls mit waagrecht verlaufendem Stickgarn verbinden und das Garn verknoten. Ein langes, senkrecht verlaufendes Garnstück jeweils mittig an die bereits vorhandenen waagrechten Bänder knoten, zwei Holzperlen auf das Ende dieses Zugfadens fädeln und sichern.

7. Zum Schluss das Aufhängegarn am Körper festknoten und den Kopf mit zwei Klebekissen auf dem Körper fixieren.

Material

- *Tonkarton in Blau, Rot, Aprikose*
- *Vario-Karton „Margeriten"*
- *Streifen-Tonkarton*
- *Tonpapier in Schwarz und Rot*
- *Transparentpapier*
- *Bleistift HB, H2*
- *Schere*
- *Stickgarn in Rot*
- *Spitze Sticknadel*
- *2 Knöpfe, Ø 11 mm*
- *Hutschnur in Schwarz*
- *2 Holzperlen in Rot, Ø 6 mm*
- *Je 1 Holzperle in Hellblau und Grün*
- *Filzschreiber in Schwarz*
- *Farbstift in Rot*
- *Lochzange*
- *4 Musterbeutelklammern*
- *Klebstoff*

Vorlage 11, Bogen B

Bezaubernde Käfer-Klänge

1. Grundieren Sie den Glockentopf und den Mini-Topf mit Weiß und übermalen Sie dann beide mit Rot. Den mittleren Tontopf für den Kopf hautfarben bemalen. Nach dem Trocknen die Wattekugel als Nase aufkleben und mit Rot betupfen. Mund und Bäckchen mit dem feinen Pinsel aufmalen. Für die Augen tupfen Sie wenig Klebstoff auf den Topf und drücken die Halbperlen mit der Pinzette hinein.

2. Die Punkte von der Vorlage auf Tonpapier übertragen und ausschneiden. Mit Bleistift die Körpermitte markieren, die Körperzeichnung sowie mit Hilfe der Schablonen die Punkte vorzeichnen. Nun die Flächen mit Schwarz ausmalen. Nach dem Trocknen den Kopf aufkleben.

3. Für das Klangspiel übertragen Sie zunächst die Scheiben-Vorlage auf Pappe und schneiden das Motiv sorgfältig aus. Durchstechen Sie dann mit der Sticknadel die vier Markierungspunkte der Scheibe. Ziehen Sie nun das Stickgarn durch die Klangstäbe; nehmen Sie das Garn doppelt, ziehen Sie die Stränge durch die drei außen liegenden Markierungslöcher der Scheibe und verknoten Sie die Garnenden.

4. Fädeln Sie für das kleinste Töpfchen eine schwarze Holzperle auf einen ca. 80 cm langen Stickgarnfaden, schieben Sie die Perle in die Mitte und verknoten Sie das Garn darüber. Nehmen Sie nun das Garn doppelt, führen Sie es mit der Sticknadel von unten durch den Topf und fädeln Sie die schwarze und die rote Perle auf. Ziehen Sie das Garn durch die Mitte der Scheibe und verknoten Sie es fest. Schließlich das Garn durch die Töpfe ziehen und die Scheibe gegen den Topfboden kleben.

5. Bündeln Sie mehrere Fäden Stickgarn und binden Sie es im unteren Drittel straff ab. Wickeln Sie ein ca. 15 cm langes Stück Chenilledraht spiralförmig um einen Schaschlikspieß und ziehen Sie es wieder ab. Drücken Sie den Draht in der Mitte zusammen. Fixieren Sie Haare und Fühler im Topfloch und die Holzperlen auf den Fühlern.

Material

- *1 Glockentontopf, Ø außen 11 cm*
- *1 Tontopf, Ø außen 4,7 cm (Kopf)*
- *1 Tontopf, Ø außen 3,5 cm*
- *1 Wattekugel, Ø 12 mm*
- *Tonpapierrest*
- *Marabu-Decormatt Bastelfarbe in Weiß, Scharlachrot, Hautfarbe und Schwarz*
- *Pinsel Nr. 8 und Nr. 0*
- *Stabile Pappe (Rest z. B. von einem Zeichenblock)*
- *2 Halbperlen in Schwarz, Ø 3 mm*
- *3 Klangstäbe, eloxiert, 8 cm lang*
- *Stickgarn in Schwarz*
- *Spitze Sticknadel*
- *Chenilledraht in Schwarz*
- *Je 2 Holzperlen in Rot und Schwarz, Ø 12 mm*
- *1 Holzperle in Schwarz, Ø 8 mm*
- *Schere*
- *Kraftkleber*

Vorlage 12, Bogen B

Käferchen Karl

1. Sägen Sie zunächst zwei ca. 4 cm lange Stücke vom Rundholz ab und fixieren Sie die dabei entstandenen Hölzchen mit Kraftkleber in den Beintüllen. Nach dem Trocknen die Schuhe mit Schwarz und die Beine mit Rot bemalen.

2. Legen Sie den Tontopf innen so mit Alufolie aus, dass das Topfloch dicht abgedeckt wird. Nun den Gips mit etwas Wasser anrühren, so dass eine sämige Masse entsteht. Den Gips in den Topf füllen und kurze Zeit antrocknen lassen. Hier müssen Sie sehr genau aufpassen, denn kurz bevor der Gips bindet, müssen Sie die Füße in die Masse stecken. Gut durchtrocknen lassen.

3. Die Außenseite des Topfes nun weiß grundieren. Trocknen lassen, dann die Fläche rot übermalen. Die Holzkugel für den Kopf auf einen Pinselstiel stecken und die Gesichtsfläche hautfarben, den Rest des Kopfes schwarz bemalen. Die Wattekugel-Nase aufkleben und mit Rot betupfen. Das Gesicht wie auf dem Foto aufmalen.

4. Für den Kragen stellen Sie zunächst eine Schablone aus Bastelkarton her und schneiden das Motiv danach mit der Zickzackschere aus dem Filz zu. Dann den Kragen am Topfboden festkleben.

5. Kleben Sie den Holzkugel-Kopf auf den Topf-Körper. Für die Frisur einige Bastfäden zusammennehmen und mit dem Draht straff abbinden. Für die Fühler aus dem Lederband zwei Stücke von ca. 6 cm Länge zuschneiden. Die Fühler und die Basthaare mit etwas Kleber im Kopfloch fixieren. Zuletzt die Holzperlen auf die Enden der Fühler kleben.

6. Übertragen Sie die Flügel-Vorlage auf Bastelkarton, schneiden Sie die Motive exakt aus und falzen und knicken Sie sie. Dann die Flügel mit den Klebelaschen an den Seiten der Töpfe fixieren und die Holzperlen als Knöpfe mittig auf den Körper von Käfer Karl kleben.

Material

- *1 Tontopf, Ø außen 5,5 cm*
- *2 Holzfüße mit Beintülle, 35 mm lang*
- *Rundholzstab, Ø 4 mm*
- *Kleine Säge*
- *50 g Gips oder Gießkeramikmasse*
- *Alufolie*
- *1 Holzkugel, Ø 35 mm, mit durchgehender Bohrung*
- *1 Wattekugel, Ø 12 mm*
- *Marabu-Decormatt Bastelfarbe in Weiß, Scharlachrot, Hautfarbe und Schwarz*
- *Feinporiger Schwamm (Küchenschwamm)*
- *Pinsel Nr. 6 und Nr. 0*
- *Bastelfilz in Schwarz*
- *Edelbast in Schwarz*
- *Dünnes Lederband in Rot*
- *2 Holzperlen in Schwarz, Ø 8 mm*
- *Bastelkarton „Marienkäfer"*
- *3 Holzperlen in Schwarz, Ø 4 mm*
- *Schere*
- *Kraftkleber*

Vorlage 13, Bogen B

Laterne, Laterne, Käfer, Mond und Sterne...

1. Die Vorlage für den Käfer-Körper mit dem Bleistift auf Transparentpapier pausen. Das Papier wenden und den Körper zweimal auf den Bastelkarton übertragen. Die Vorlagen für Kopf und Zylinder zweimal auf aprikosenfarbenen bzw. auf schwarzen Tonkarton, die Nase zweimal, die Bäckchen viermal auf rotes Tonpapier, 12 Punkte auf schwarzes Tonpapier übertragen. Alle Motivteile ausschneiden.

2. Hinterkleben Sie nun die Körper mit rotem Pergamentpapier und setzen Sie mit Klebstoff die schwarzen Tonpapier-Punkte wie auf der Vorlage eingezeichnet auf.

3. Die Zylinder auf die Köpfe kleben. Danach folgen Nase und Bäckchen. Mit dem Filzschreiber Münder und Augen malen, mit Deckweiß kleine Lichtpunkte in die Augen und auf die Nase setzen.

4. In die Markierungspunkte der Zylinder mit der Lochzange jeweils zwei Löcher stanzen. Pro Kopf zwei 18 cm lange Stücke aus Chenilledraht zuschneiden und durch die Löcher ziehen. Die Drahtenden um einen Pinselstiel drehen und wieder abziehen. Die Holzperlen auf die Enden der Chenilledrähte kleben.

5. Schneiden Sie für das Mittelteil der Laterne einen 44 x 17 cm großen Streifen aus schwarzem Tonkarton zu und zeichnen Sie an den beiden Längsseiten einen 1 cm breiten Kleberand an. Fahren Sie die Linien entlang eines Lineals mit der Sticknadel nach und falzen Sie sie vor.

6. Markieren Sie auf dem Streifen einen 17 cm, einen 10 cm und einen 17 cm langen Abschnitt. Falzen und knicken Sie den Karton an den dabei entstandenen Linien. Die schmalen Klebekanten schneiden Sie zu spitzen Dreiecken und richten sie auf. Das Mittelteil einkleben. Auf jeder Seite der Laterne den Kopf aufkleben.

7. Für die Laternen-Halterung in das Mittelteil ca. 1 cm vom Rand entfernt ein kleines Loch stanzen und die Enden des Drahtbügels durchstecken.

Material

- *Bastelkarton „Marienkäfer"*
- *Tonkarton in Aprikose und Schwarz*
- *Tonpapier in Rot und Schwarz*
- *Pergamentpapier in Rot*
- *Transparentpapier*
- *Bleistift HB*
- *Lineal*
- *Spitze Sticknadel*
- *Schere*
- *Filzstift in Schwarz, Deckweiß*
- *Lochzange*
- *Chenilledraht in Rot*
- *4 Holzperlen in Schwarz, Ø 12 mm*
- *Klebstoff*
- *Drahtbügel*

Vorlage 14, Bogen B

Impressum

Entwürfe und Realisation: Petra Boniberger
Lektorat: Sabine Kurz
Fotos und Styling: Fotostudio Oswald, Schwörstadt, www.visuelle-medien.de
Umschlaggestaltung: Dirk Beestermöller
Layout und Produktion: buchkonzept@web.de
Druck und Verarbeitung: J. P. Himmer, Augsburg

ISBN 3-89858-349-X

Herstellerverzeichnis:

Farben und Lacke:
Marabuwerke GmbH & Co.
Asperger Straße 4
71732 Tamm

Hobby- und Bastelbedarf:
Rayher Hobby, KnorrPrandell, UHU, Heyda, Marpa Jansen, alle über Hobby- und Bastelfachhandel

Farbauswahl **Marabu-Decormatt**

222 Vanille	020 Zitron	221 Mango	021 Mittelgelb	224 Pfirsich	013 Orange	038 Zinnoberrot hell	031 Scharlachrot
032 Karminrot	043 Rotwein	029 Hautfarbe	231 Wildrose	237 Zartrosa	238 Altrosa	002 Purpurrosa	050 Violett rötl.
051 Violett dkl.	089 Krokus	235 Flieder	291 Arktis	292 Zartblau	095 Azurblau	052 Mittelblau	055 Ultramarin-Oblau dkl.
053 Dunkelblau	260 Taubenblau, hell	059 Bayrischblau	259 Antikblau	099 Türkisblau dkl.	262 Zarttürkis	097 Blaugrün	066 Gelbgrün
276 Schilf	065 Olivgrün	075 Tannengrün	277 Mistel	266 Antikgrün	247 Beige	245 Milchkaffee	028 Gelbocker
040 Mittelbraun	045 Dunkelbraun	278 Hellgrau	271 Elfenbein	070 Weiß	073 Schwarz		
733 Metallic-Rosa	750 Metallic-Violett	752 Metallic-Blau	767 Metallic-Grün	772 Metallic-Anthrazit	782 Metallic-Silber	784 Metallic-Gold	787 Metallic-Kupfer